동인천

동인천

백서은 시집

도서출판 다인아트

*비바람 치면 비 맞고 눈보라 치면 눈 맞으며 살아가는 일
아련한 유년의 번지를 기억하고 찾아내듯이
아프면 아파서 보고프면 보고 싶어 애간장 다 녹이듯*

  한 소절이 살아가는 방법과 길을 안내 해 주고 지치고 힘든 날이 오면 가깝고 먼 곳으로 여행을 떠나 훌훌 털어버린 나로 돌아옵니다. 상처 난 영혼을 다독여 주는 음악은 아름다운 선율로 몸과 마음을 치유해 줍니다.

  유년은 언제나 부자였습니다. 든든함으로 앞만 보고 자랐습니다. 그 버팀목이 여기에 이르게 했던 원천인 것입니다. 하나 둘 모아보니 한두 해 쌓이고 게으름도 아닌데 빠름이 모자람일 뿐 우뚝 서 바라봅니다.

  흐르는 물과 떠다니는 공기처럼 자유롭게 뇌두다 영혼에 닿으면 어느 날 어떤 시로 펼쳐 널 수 있을지. 솟는 기쁨과 애타는 비련 사이 오가며 시가 있고 노래가 흐르며 언제든 떠날 채비를 하는 가벼움이 있다면 거뜬히 감내하리라.

  두 번째 시집 발간에 기회를 주신 한국예술인복지재단의 도움과 작품에 아낌없는 정열과 관심을 주신 김기영 시인님께 두 손 모아 감사를 드립니다.

2016년 가을

시인의 말　　　　　　　　　　　5

1부 시장 앞에서

수첩반란　　　　　　　　　　13
우물　　　　　　　　　　　　14
호수 위로 날아간 새　　　　　15
들꽃　　　　　　　　　　　　16
존재의 늪　　　　　　　　　　17
차를 다리며　　　　　　　　　18
겨울비　　　　　　　　　　　19
꽃 무릇　　　　　　　　　　　20
내 손을 떠난 후　　　　　　　21
봄날은 가고　　　　　　　　　22
외출　　　　　　　　　　　　23
사십 줄에 서자　　　　　　　24
누이의 꽃　　　　　　　　　　26
回信　　　　　　　　　　　　27
별 바라기　　　　　　　　　　28
香　　　　　　　　　　　　　29
사랑이라는 이름으로　　　　　30
내가　　　　　　　　　　　　31
비 개인 오후　　　　　　　　32
시장 앞에서　　　　　　　　　33
길몽　　　　　　　　　　　　34

제2부 석모도 가는 길

窓	37
터	38
언약	39
해당화	40
여름前線	42
소망	43
슬픈 우연	44
백령도에 가면	46
해가 지는 바다 풍경	47
겨울회상	48
바다가 있는 풍경	49
바다 이야기	50
항구의 밤	52
바다가 부르면	53
석모도 가는 길	54
진달래	56
無心	57
摩尼山 겨울	58
눈 내리는 山寺	59
산을 오르며	60
산	62
태백산맥	63
산행	64

제3부 동인천

동인천 • 13	67
동인천 • 14	68
동인천 • 15	69
동인천 • 16	71
동인천 • 17	72
동인천 • 18	73
동인천 • 19	74
동인천 • 20	75
동인천 • 21	76
동인천 • 22	77
동인천 • 23	78
동인천 • 24	79
동인천 • 25	80
동인천 • 26	81
동인천 • 27	82
동인천 • 28	83
동인천 • 29	84
동인천 • 30	86
동인천 • 31	87
동인천 • 32	88
동인천 • 33	89
동인천 • 34	90
동인천 • 35	92
동인천 • 36	93
동인천 • 37	94

제4부 꿈꾸는 高度

낡은 집	97
세밑한파	98
정서진 가는 길	99
언덕 위 나무	100
미루나무	101
시처럼 바람처럼	102
기다리고 있을 그를 위하여	103
꿈꾸는 高度 • 5	104
꿈꾸는 高度 • 6	105
꿈꾸는 高度 • 7	106
꿈꾸는 高度 • 8	107
꿈꾸는 高度 • 9	108
꿈꾸는 高度 • 10	109

評說

연작시「동인천」이 함의(含意)하고 있는 원형(元型)의 그리움	110

1부

시장 앞에서

수첩반란

빼곡히 적힌 나름대로의 토로에
서걱서걱 머릿결을 얼어붙게 하는
한파를 겪는다
버리고
시작이라는 걸망을 짊어지고
빼곡히 놓인 자갈들의 외침에
두루두루 밟히는
소리를 품는다
저 너머
저녁연기 올리는 농가의 굴뚝에서
무릇 벗이 부른다
소나무 능선 자락이
신작로의 선으로 다시 날 때
수백 년 지기 적송의 운명처럼
마주자리 하는 미소로 만족 짓고
빼곡히 자란 억새풀 둑 방으로
숨은 바람결이 흔들리듯
수첩 속이 수군댄다

우물

하늘만큼 바라보다가
이내 접어
누운 사랑

두레박 속 물길로
퍼 올린 청춘

깊이 놓으면
놓는 대로 둥둥

한발 너비 세상
돌고 돌다
멈춰 본 시간의 텃밭은

바람도 비껴가는
파란 신호등

호수 위로 날아간 새

오월의 호숫가
짙푸르든 푸르른 산
산 그림자 담은 물가 위
햇볕이 내리쬐면
출렁이는 수심

강기슭 건너 소나무 숲 사이 길
분주한 산들바람
오고가고

언뜻
해오라기가 강가를 헤집을 때
충주호 꽃 바위 빈 찌는 흔들흔들

들꽃

밤길 따라서
내 안의 눈으로 보았는데
지난여름이 더워서
지나쳤을 소식을
지닌 체
달 빛 시린 이 가을날
가로등 불빛에 묻혀 사는
흙빛 사랑이
처마 끝으로 묻는다

부서진 돌멩이 사이
부지런히 뻗어 오른 한 떨기 들꽃
어름어름 두고 온
단상의 조각조차
밤하늘로 날리고
디지털 서신만 공중파를 떠듬댄다

존재의 늪

가야할 곳이 있어
버스에 올라타고
그 시간에
그 자리로
구성의 무늬를 연주하며

띄엄띄엄 꼭지들이
아파트 창 너머로
넘실거릴 때

세상 속에선
오선지 위로
동동 발을 묶는다

활자가 된 시선을
훑어보면
번득이는 편린이
악상으로 뜬다

차를 다리며

님의 취향 찾아
설렘으로 잡으며
빈 잔에 붓는다

달콤한 맛을 위해
끈끈한 눈물을 삼키며
쓰디 쓴 한 자락

뜨거운 물이 부어질 때
차가운 물이 떨어질 때

쏟아지는 우문

식어서 맛이 떠나려 할 때
속내를 묻고

서성이는 손님처럼
찻잔에 한 바탕
너울질

겨울비

한파로 남은 잔설더미
빗물에 씻긴다

혹한 끝 시린 몸뚱이를
끌어안은 체

잊지 못하기에
묶어 놨는데
지척지척 풀린다

젖은 옷깃을
여미고
기다리던 언약은

떠나는 이의 뒷모습으로
하염없이 내린다

꽃 무릇

겨울 자락이 아쉬워 머무를 쯤
언 땅 헤집고
올라서는 잎사귀
시샘하는 찬바람에 주춤
정을 놓고

여름 날 무성하던 잎이
다 지고 나면 그 뿐

풀숲 땅 밟아
홀로 꽃줄기 솟는다

하늘거리며 자줏빛
가을마당을
도도하게 울린다

내 손을 떠난 후

잃어버렸다
수년간 나눈 사랑
진종일 무르게
만지작거렸던 생의 한 수를

전원이 다한 이유로
손바닥에서 놓자
홀홀 떠났다

잡아 두었던 영상과
싸매 놓았던 순간들
잃었다

누른 만큼의 속삭임
가버린 세월과
숫자의 무도회에서
희·노·애·락
모조리 놓았다

봄날은 가고

우연처럼 비가 오는 날
비를 맞으며 걸어보리라

꽃잎은 떨어지고 그 곁으로
잎새가 돋아나면
눈부신 황홀은 쓸쓸히

어찌할까 내 속은
붉은 빛으로 물들고

돋은 나뭇잎 사이로
뒤흔드는
어지러운 고백

흙 속에 나뒹구는
봄날을 고르며
뜰 안길에 서서
서성이는데

외출

버스를 타다가 그만 목적지를 잊었다
거스름돈을 계산하다가 자잘한 일들이 귓가를 지나갔다
천천히 걷는다
찰랑이는 머릿결을 느끼며 너무 긴 것 같았던 지난 날
흔들거리는 눈앞이 고스란히 내 몫이다
줄무늬바지가 어느 순간 서먹서먹할 때처럼
정돈된 인생을 볼 때면 왠지 모자라는 것 같다
밑줄 긋고 읽어 가는 글귀와
영문자 주소를 외워보는 일보다는 내키지 않는 일이다
가만히 내 앞을 지나는 것은
네 잎 클로버를 찾았다며 수첩 갈피에 끼웠던
청순함이 영상 되어 뇌리를 채운다

사십 줄에 서자

박물장수의 강냉이 맛과
쪽머리 안쪽으로 싹둑싹둑
한손 되게 자른 머리
건네주고도
손녀 먹일 심상에
흥정하신 할머니
사십 줄에 서자
시시때때 머리를 스친다

머리에 봇짐 이고
총총걸음 나서는 할머니
치맛자락 놓칠세라 따라 나서면
어느새 해는 뉘엿뉘엿
굴뚝같은 엄마 생각을
마른 볏짚 태우며 설설 김이 오른 밥에
뚝배기 김치찌개와 가마솥에 새우젓 계란찜
그 맛이
사십 줄에 서자
눈물처럼 그립다

곱디고운 얼굴은
생각 없고 흰머리 날리는 할머니
다소곳한 치마저고리 동정은
사라지고 주름 진 손등만
사십 줄에 서자
가슴팍을 두드린다

누이의 꽃

작은 것이 좋다고
한결같은 나날을 지새운 밤

흐르는 마음이 꽃봉오리에
적을 두고 나설 때
아량 없는 순백의 시공이여

무명실 풀어내어
가까이 가려면 저 멀리
누이의 눈물처럼
주저앉은 꽃대가 가여워
끌어안고 싶다

回信

그림자가 따르듯
촉촉이 인쇄된 활자로
와락 다가온
書信

갓 구워낸 질그릇의 숨결에
긴 숨 내둘린
참숯덩이

연자맷간 도는 연자마를 연상하며
질겅질겅 씹어본다
곰삭은 젓갈 마냥 입맛 당기는
가깝고도 멀리 있는
會心之友를

별 바라기

무던히도 발이 무겁던 날
수많은 별들이 소리도 없이
나에게로 왔다

초롱초롱한 은구슬이
검은 융단의 태곳적 신비를 간직한 체

거울을 비추어 보아도
모습 감추는 메아리 되어
나에게로 왔다

깊은 밤 마당을 거닐다
한기로 등살을 휘감아 돌 때
잊었던 옛 가락 되어
성큼 다가왔다

香

알 듯 모를 듯
오랜 시일 걸쳐 연이 닿았는지

산길이 도로로 거듭나고
등불이 백열등 나섬에 자취를 감춰주듯
개울물 건널 때 떨어뜨렸던
고무신 한 짝처럼
새록새록 느끼는 情感

몇 겹이 씌워있어
모습 내밀기 설레나
움직임 없는 등걸 마냥
그 자리서

뒤돌아서도
소리 없는 소리로 잡는
애달픈 風雅

사랑이라는 이름으로

하나였는지
알 수 없는 일

한
하늘 아래서
살고 있었는지
모르는 일

잊혔던 이름으로
이름이 생소한 남처럼

아침이 쏟아지는 날에는
약속 없이도 달려오는 그리움

사그라지리라
사그라지리라던
애꿎은 상념은 내 뱉고
먼 타인 같은 넌
거역할 수 없는 일

사랑이라는 이름으로

내가

당신에게
향하면 나를 비어 버리고
가야 하는 일임
잊지 않았습니다

사랑하고 있담
그건 차라리 두 눈 꼭 감은 채
당신 하나를 기다리는 것임
잊지 않았습니다

당신을
사랑한다 함은
못 다 준 일로만이 아닙니다
벗어버린 나로서
당신께 향하고 있다는 의미입니다

비 개인 오후

그리운 사람을 그리워하자
곱게 머리 손질 마무리 짓고
가만히 비친 거울 앞에서
그리운 얼굴을 그리워하자

후드득거리며 퍼붓는 소나기가
간밤에 깨어 둔
풀벌레 울음소리를 삼키며
들어왔기에
보내지도 못하고 마주앉아
영글고 스러지도록
어제 다녀간 사람도
몇 달 못 본 친구도
그리워하자

화려하도록 눈부신 하늘 너머로
몰아치는
그리운 얼굴을 그리워하자

시장 앞에서

白髮에 휘어져 부는 바람조차
無情이 일고
주름 묻고 있는 얼굴의
이 여인은
누구의 어머니일까

때 지난 시각에
한 그릇 비우는 순간도
오고가는 행인은
다져진 일상의 찬으로 머물 뿐
식은 국물에 떠 올리는 수저는 뜨겁다

한두 푼으로 채우는
허리춤 무게에
生을 건 미래는
꼭꼭 숨었다

시장 길목서
자리 펴고 나물 파는
이 여인은
누구의 어머니인가

길몽

꿈에
당신이 다녀가셨습니다.

꿈에

2부

석모도 가는 길

窓

뜨거운 대낮 콘크리트 바닥을
막술과 초례청 삼는 풍광이 아리다
벤치에 누운 신문지 두어 장의
드넓은 안식처로는 위태롭다
중천으로 기운 달
취중 내뱉는 소리로
휘어진 허리가 달빛에 고꾸라진다
시위대의 외침이 TV 속에 비치면
가늠하던 척도에 값이 사라진다
낮술과 밤술의 차가
뉴스 속의 뉴스처럼 반복의 연속이듯

터

부서져 휘어진 철제가
집터 더미에 누웠다
나무와 잔디가
지층 흔드는 굉음 소리로 뭉개지는 날
도시로 간 일상은
지붕 위에 지붕
발아래 또 발로
땅 따먹기 어린 시절보다
좁은 공간을 공유하며 나날을 산다
들어부은 콘크리트 바닥에
흙의 자취는 서러운 양 감추고
늘어가는 담벼락의
그늘이 빛을 쫓는다

언약

손금이 까맣게
흙물 들어
씻고 털어 보아도
풀뿌리의 존재는 소박하게
맴돌고

옛 이야기가
연면(連綿)되어
머릿속을 지나가고
미더운 옷을
입는다

어머니는 날 나시고
아버지는 날 사랑하시고
커진 세월만큼
우연처럼 닳고 닳은 인연이
유년시절 젖내를
묻어 둔 채
내친걸음으로
손짓한다

해당화

바다 바람맞으며
달려가는 여름 낮
텁텁한 내음에
해무가 짙어 햇살조차 가려진
해변에 심홍 빛 꽃잎이
옹기종기 모여
무심히 있구나

바다를 그리워하기에
잎새를 보듬고
삼백예순날 갯바람을
業 삼아 꽃피고 살아가는 恨은
누구를 닮았을까

모질음도 아닐 텐데
그리 매섭지도 못한 바람을
온몸으로 맞아가며
바다를 버리지 못하는 건
누구를 기다리는 것일까

산을 지척에 두고
바다만 바라보고 있는 건
못 잊은
그 누가 있기에 그런 것일까

눈 맞춤도 주지 않는 이유를
알고 싶구나
그 모진 바람이
그리도 좋은가 보다
그리도 좋은가 보다

여름前線

연이은 폭염에
땀 배는 등이 안쓰럽다
지지리도 목마름이
작렬하는 태양아래 고개를 숙여
갈망의 처절함에 운다
팔과 다리를 씻어내며
소식 없는 하늘로
퍼 올리는 물질은 여름나기
중복허리에 찬바람 든다는 속설이
살아가는 버팀목으로
문지방 넘어 다가오는
뒤통수를 친다
절대 흐름의 전선에
북상하는 태풍을 꿈꾸며
봉숭아 물결에 춤춘다

소망

야트막한 언덕에
그림 같은 집 짓고
뚫린 구멍 사이로
산을 보며

참던 악의 표상도
태우고 태워 날린 하루는
맞이하고

사람 만난 滯症은
구토로 내불고

목청 쓰라린 나와 맞부딪히면
안개 도시로 떠나간
이방인 눈으로
우리를, 나를
氣焰 속이라도 챙겨 담으리

슬픈 우연

밤의 창을 열고 가만히 기다림으로
고개를 돌려 봅니다

이 밤도 서늘한 공기 몰아
머물지 못하는 가슴 향해
물음만이 그득히
미더운 용기로 있습니다
어디서부터 잘못 꿰어진 우연이었을까
서성이는 대답에 별을 봅니다

하나밖에
몰랐기에 다른 하나가
두드리고 다가 왔을 땐
아득한 소리만 반복되고
내일로 떠나는 쓸쓸함으로도
감출 수 없는 나였기에
고개 들면 까마득했습니다

사람이 사는 동네엔
사람이 지나는 길목에는
사랑이라는 말보다 더 가슴 시린
享有할 수 없는 悲哀도
거기에 있었기에
사랑이란 길목까진 먼 여행입니다

백령도에 가면

장산곶이 더 가까운 곳
수 척 장신 현무암 절벽 아래로
때려도 때려도 두무진 선대암은 담담히
사철 부서지는 파도의 넋이
쪽빛 해초에 묻혀 설왕설래 피어나는 화동
한 키를 훌쩍 넘는 바다 물살에
새카만 가마우지는
바위와 한 몸 되어 날개를 접고
깊이를 모르는 바다 속 모이를 기다리는 곳
심청각 기와지붕에서 바라다보면
용연봉이 가물가물
한바탕 붉은 잔치는
숨기고 싶은 노을 풍광을 인당수에 뿌리고
사그라지듯 뜨거움은 누워
밟으면 밟을수록 빠져드는 콩돌 해안가
벗어 던진 전설이
오색자갈을 삶으로 섬긴 파도를
안으로 안으로 감추고
우뚝 선 등대가 시리도록 아픈 곳

해가 지는 바다 풍경

파도는
지척지척 숨을 고르고

섬과 섬 사이
바위와 바위 사이
거리가 사라질 즈음

느릿느릿 퍼지는
홍자 빛 구름이
풀무질 한다

바다의 시작이
하늘과 맞닿을 즈음
붉은 해는
떨어진다

화려함을 감추고
위대함을 사르며
바다로
더 먼 바다로

겨울회상

소래포구 돌아서
판자촌이 뚝-뚝

갯벌 숨구멍으로
들이대는 물살

겨울 냉기는
바다를 훑어내고

갯고랑 지나

물길 선 갯바닥
메마름에 물러 간 해안선

바다가 있는 풍경

바다로 가요
비가 오면 가슴 밑바닥까지 적셔주는
바다로

가난한 바람에
머물 수 있는 곳
가난으로 엮어 항해 길에 오른
정박을 잊은 곳

世上이 우리를 가려주고
덮어주는 소리
비가 좋아요

헐벗음으로 돌아가
비로
채울 수 있도록
바다로 가요

바다 이야기

알고 있는지 모를 일
바라만 보고 있다가
단 한 줄의 서운함도
비추지 않았건만
넌 나를 받아들이고
두런두런 살아가는 일이
바람 불면 물살 거세지고
햇볕 쏟아지면 속내 검붉게 타는 것이라고
이야기 하듯 그토록

몰랐네 난 몰랐네
해가 지면 바다는 어둠에 갇히지만
발을 떼어 놓기 무섭게 출렁이는 포효에
내밀치는 힘은
어둠이 찾아와야 알 수 있음
떨어져 나갈 듯 아려오는 시름까지 삼키고
묵묵부답으로 그 자리를 지키는
바다는 바다는
왜 그리 잘난 것일까

몰랐네 난 몰랐네
뿌리침에 익숙한 나를
품으로 받아주는
푸름으로 얼룩진 바다여

항구의 밤

들고 나는
부둣가

해 뜨고 지는
일상의 지표처럼
부표조차
고요하다

항해 접은 연통
긴 숨 내 뱉고
짧은 정박 뒤로

물살조차 잠든 새벽

오롯이
뱃고동 소리만
울리며 간다

바다가 부르면

불다 불다 지치면
바다는
퉁퉁 부어 오른 눈을 쓰다듬어
포구의 양지에
펼쳐 널 수도 있지

띄엄띄엄 목선이
포물선 그리며 물살을 헤쳐 갈쯤
손 모은 간절함이
물빛에 짙어지겠지

바다로 간 소식은
갈매기 울음만 토해내고
해 기운 해무에
돌아가려면
어디로 가야 하나
어디로 가야 하나

석모도 가는 길

눈앞에 다가선 눈 속의 석모도
길 따라 뱃길 따라
가는 나룻가

출렁이는 파도 부여잡고
갈매기 울음에
바다는 그저 섬을 토해 낼뿐

지지난 몇 겹의 밀서
외포리에 두고 온 정적

뜨문뜨문 무인도 물 빠진 속살 되어
서러워진 선착장에 내다버린 회포

해지는 노을 바다 곁으로
하나둘 찾아든 낙향무리

늘어진 어깨 갯벌에 감추고
낯익은 목소리 모여드는
구성진 가락은 어디

숨어가는 바람도
낙가산 중턱에 걸터앉아
졸고 있는 보문사

진달래

바위틈새 양지 녘에
마음 접어 둘 곳 찾아

마른 나뭇가지
눈
눈·눈이 꽃망울

소나무 숲길 따라
키 작아 누운
다소곳한 새아씨 볼처럼
자홍빛 춤사위에
애타는 청춘

쉬엄쉬엄 산등성이
흩뿌려 덮은 자락

비탈진 골짜기마다
한 소담씩 품은 누리

無心

계곡 물소리에 단상은 지고
낙수의 일상은 물거품을 그린다

나무가 나무로 보이는 것은
물이 물소리로 들리는 것처럼
나를 잊었기에
나무를 나무로 바라보고
물소리를 물소리로 들을 수 있다는 것은
나를 떠났기에

물이 물처럼 흐르듯
나무가 나무처럼 서 있듯

낙숫물 요란함이

귀에 돌아
몸 던져 부서지는
폭포의 마음을
눈에 담기 아리다

摩尼山 겨울

새해 맞는
눈꽃으로
사방 바다를 財삼아
솟은 해안선

눈 비춤 산세를
섬마을 설경으로 두고
두루두루 떡갈나무
굽이굽이 적송 접어

매서운 해풍이
내리 포구를 삼킬 즈음
겨울은
물살을 사른다

눈 내리는 山寺

격자문 제치고
한 걸음으로 들어선
온 세상이

후드득 가지치고 가는 눈꽃에
눈구름 사이를
멋쩍게 얼굴 내미는
하늘이 부끄럽다
부끄럽다

소복하게 쌓인 뜰에는
행자의 자취를 덮어
눈발만 한가로이 속삭이다
손등 위 눈석임이 마음을 적시고
처마 끝 풍경소리에
눈시울이 뜨겁다

산을 오르며

새벽공기 마시며
기다리는 산으로

벅차오름으로 가쁜 숨 몰아쉬며
순간도 운명으로 마주하고

산세 타고 흐르는
솔바람 떼
구름 가리는 나뭇잎들의 합창
내 몸과 마음을 씻는다

바위 타고 보이는 광활한 하늘이
땀으로 얼룩진 등줄기를
흔적도 없이 삼키고
산꼭대기의 하루 인생은
오를 때처럼 내리막도 있다고
노래를 한다

산은 저처럼 서 있고
겸손은 무게로 진을 치고
가슴은 텅 빈 충만으로
새겨진다

산

사람이 보고 싶다
情이 그립다
山은 저기 서 있는데

노오란 산수유가
멀찌감치 서 손을 흔들고
지천으로 풍기는 생강나무 꽃 향에
소매가 젖는다

돌멩이에 부대끼는 발목

오르는 길에 만났다
내려오는 길에 흘렸다
山은 저기 누워 있는데

山이 가다 섰다
서 있는 곳이 山
山이 되고 싶다

태백산맥
— 소금강 老人峰을 다녀와서

벽계산간 휘 두른
새벽 빛 머금고
찾아오는 소리
나의 아버지에게 그랬듯이
내 귓전에도 들려온다

세월이 바래
투박한 채 어울러 도는
괘종시계 錘 앞에
울리는 파장이
깨 있는 인식의 굴레로 부른다

둘둘 말아 치뻗은 峻嶺
골골이 숨어 푸른 빛 내 어린 산맥
지친 旅情에 사장 된 줄기
굽어 내린 계곡 아래로
늘어져 側柏林처럼 산다

사는 진솔함에 걷어지는 노을
간다는 사실 하나로
이끌고 산다

산행

고갯마루 오르자
키 낮은 제비꽃이
보랏빛 눈웃음으로 방긋거린다

땀방울로 오솔길 지나자
철지난 억새풀 품에 싸여
고개 든 할미꽃이
무덤가 전령처럼 오버랩 된다

함께 하였던 지인과
함께 하였던 시간이
바위산을 그리고

구름도 쉬어 가는 암벽에 걸터앉아
발아래 보이는 저곳은 어디인가
발부리만 보고 올라온 이곳은 어디인가

3부

동인천

동인천 · 13

너만은 지켜야 한다
달아 오른 혈기로 달려가는
이내
주춤거리며 되짚어 보는
눈에는
잣대의 아련함이
쓴맛의 사고를 씻는다

새삼스러이 붉어진 다짐으로
나서보는 행보는
목조건물 앞에서
멈추고
대형화 속 舊形이
황금 분할을 꿈꾸듯

덧대어진 쇼윈도에
흔들리는 자유도
미약하다

동인천 • 14

너의 심장에 나의 피는 솟구친다
흘러가는 핏줄에 펄럭이는 깃발을 꽂은
자랑스러운 아침

쏟아지는 물밑 바램은
고단한 삶의 調律을 맡긴 생명의 소리
거대해 지는 너의 포부에
새알 같은 기상은 불타고
닻을 끌어올리는 힘은
무쇠보다도 무디다

해무 속으로 물보라가
산산이 부서지고
거친 부두를 밀치는 航海일지는
무점 무순으로 빛을 뚫는
항구의 햇살

동인천 • 15

비릿한 바다 냄새는
동부시장 개천 끼고
밀물로 다가올 적
하얀 그리움이었다

집채만 한 통나무 적재소에서
흘러나오는 친구들의 고함소리에서
나의 꿈을 찾아야 했다

겨울 눈 속을 가파른 수도국산 길 오르다보면
연줄에 감긴 전선에서
잊었던 꿈을 찾아야 했다

손등이 터지게 흙바닥 지치며
얼어붙은 언덕 타고 내려오던
대나무 썰매에서
잊었던 꿈을 찾아야 했다

기수들이 탄 말들이
출발 문에 서서 신호를 기다리다
동시에 박차를 가하는
모습이 떠오른다

추억의 광장에서

동인천 • 16

만석 부두 앞에서
기다리던 여객선

매표를 검표 받으며
보따리 메고
꾸러미 이고
갑판 위 놓인 발판을 볼모로
거머쥔 목숨도 내 싣던 시절

뱃전 부수는 물결에
다리가 휘청

뭍을 뒤로하는 뱃머리가
뱃고동 소리에
餘情의
벼릿줄을 던진다

동인천 · 17

흔들리는 것은 나

솟대를 세우고
바람 부는 날 부두가 그리운 거
그 누구도 아닌
나였다

잿빛 매연을
한 입 들이마시고
최첨단 고속 정보화 속
비밀 같은 숨바꼭질로
절뚝거리며 애타는 이는
바로 나였다

일그러진 문짝을
밀고 들어서는
배다리 레코드점서
세월의 번지를 매긴
진열장 눈 맞춤에
몸이 녹는 것은
나였다

동인천 · 18

흙냄새 진득하게 묻어나는
율목동 돌체 소극장

나란히 붙은 공연물 뒤로
배우의 소리를 읽다 보면
스쳐가는 관객과의 어깨에서
좁은 골목만큼
가까워진 나를 보았다

단막이 끝나고 숨 막히듯
어둠 삼킨 정적이
폐 깊숙이 들어갈 때
밝아진 조명을 무대로
어릿광대가 아닌
타버린 내 몸뚱이

땀방울 타고 흐르는
나팔 소리가
인천항 바다로 빠져 들고
엊그제 보았던
향수가 귀를 흔든다

동인천 • 19

엄마가 섬 그늘에 굴 따러 …

바다는 사라지는데
노래만 부르면
눈물이 난다
바람에 날리는 낯선 시선들과
번지 없는 인종의 머릿결
누구에게 물을까
어디에서 왔는지

고동 먹고 소라 먹던 시절이 우러나면
시시때때 부는 인터넷 세상
액정화면이 춤춘다

아득한 옛일을
끄집어내는 일이 묵은 단지를 비워내듯
울렁이는 어지럼이 돈다
팔 베고 스르르르 잠이 …

동인천 • 20

반주를 곁들인 오락성 짙은 논제의 부제처럼
빗장에 채여 화사한 색채 위로
뒷걸음치는 언어들

역사의 골이 숨은 광장에서
뭉개진 분신 찾아
현란한 조명으로 거듭난다며
굳게 닫힌 철제 문전에 던지는
파리한 눈빛

벽돌담 틈새 콘크리트 조각
담쟁이덩굴에 의지하며
실낱같은 표리는 부표되어
심연의 너울에 나뒹군다

동인천 · 21

인천항 부둣가 바람에
이 골목 저 골목
북성동 붉은 깃발이 나부끼면
그 시절
만두 통 걸머멘 중국인 아저씨
야키 만두 소리가 아련히 넘어와
동서로 뻗은 중앙로를 걷다가 서면
있을 법한 이야기는 어데 가고
무너진 운동장으로 어렴풋한 샛길
높다란 전광판의 회전을
더디더디 가늠하다
푸른 신호등에 놀란다

동인천 · 22

익숙한 일일 것이리라
어디를 가도 머릿속만 끄집어내면
낼 수 있으리라
화수동 구름다리 희뿌여니 안개더미를
인천교 지나 구릿빛 토물 천을
만석부둣가 배인 비린내를
송현 시장골목 기름 집 깻묵 향을
누가 묻기 전
온전히 말하리라 별렀는데
바다가 멀어지자
더럭 찾아오는 낯 설음
바다가 나날이 사라지자
소싯적 까물까물 자투리도 떠나고
바다라는 부동이 홀연
갯벌만한 눈물로
나직이 온다

동인천 · 23

아시는지
쉽사리 접기에
부두에 정박한 기관선의 기세
눌린 매무새를

옹기종기 붙어 있는
유년의 전리처럼
어렵사리
몇 날을 머무는 순간쯤

잊으려거든
치대는 갯바람마저 던져야 하는데
내동댕이칠수록
달려드는
혼돈

동인천 • 24

꼭꼭 숨어라 머리카락 보인다

사이버시대는
외 철로의 가느다란 실눈바라기조차
가여운 행보로 읽고

보이는 곳만
응대하는 디지털 공간은
근시안의 지류

산마루 솔밭자리가
휑하니 뚫린 대로로 내밀 때
콘크리트 물결과 인터넷 파장에
두고 온 고갯마루가
어른거린다

꼭꼭 숨어라 옷자락이 보인다

동인천 · 25

백 원어치 아이스케이크를
송림동 하드공장에 가면
덤으로 하나 더 받는다

해 뜰 즈음
노동회관 국숫집 대나무 발은
흔들흔들 국수발에
단잠이 깬다

무더운 복날
새끼줄에 동여맨 얼음이
수박과 만나면 양푼 가득
화채에 여름이 빠진다

배다리
가마솥 뱀탕집엔 사철
푹푹 열기가 문지방을 달군다
유년의 일번지에서

동인천 · 26

어디까지 왔나 어디까지 왔나

감았던 눈을 뜨자
송림동 대문이 사라졌다
옹이 틈으로 보이던
골목길이 사라졌다

범표 운동화 신고 황토길 오를 때
넘어져 무릎 상처 나도
툭툭 털면 그만인데
랜드로버 신고
아스팔트 길 위로 장딴지가
가쁜 숨 몰이로 휘둘린다

송월동 기찻길
굴다리 밑으로 까만 밤은
별빛이 쏟아졌는데
짐 풀어 어둠 뚫고 찾는
밤 자락엔
가물가물 눈이 흐리다

언덕까지 왔다 언덕까지 왔다

동인천 · 27

나뭇등걸의 나이테에
숨어 쉬는 바람을
들춰내려고

갯벌 묻고 바다 일궈 이룬
은빛 도시에 수긍하는 눈으로

신포동 돌아
홍예문 지나
맥아더 동상 아래로

오름길은 한 가지인데
이국의 맛은
거리를 붐비고

낡은 잔영이 밤을 흔든다

동인천 · 28

꼭꼭 숨어라
어디에도 없는 한 가지가 남아
하루 온종일 따라다닐 때
되짚어 찾아보아도 풀리지 않는 너

꼭꼭 숨어라
삼백 예순 날을 지지부진 꾸려오다
난감히 찾아오면
한때는 기약이 있었던 시절이라
보러 가는데

꼭꼭 숨어라
잊어야 했던 삶의 선상에서
불현듯 떠오르는 시린 바람을
감추질 못해 달려가는 곳인데

꼭꼭 숨어라
청춘의 부산함을 감추고
중년의 뒷걸음으로

머리카락이 보일라
옷자락이 보일라

동인천 · 29

자랑한 적이 없어
뒤통수를 따라다니는 유년의 흔적

코 흘릴 적 사르도록 사무쳐
뜬금없는 하늘바라기 해되면
아롱아롱 새겨지는 생채기

나의 희망 나의 자랑

짓누르는 문패의 인두자국이
잊지 말고 찾아오라던
아버지의 목청으로
귓전을 맴돌아

추슬러
찾아보아도 다시 불러보아도
세월의 무게처럼 버거울 뿐

추녀 끝 바람조차 어디론가 감추고
울고 싶던 날
보고 싶던 날
손가락 사이 한 움큼의 온기일 뿐

날아가는 나의 희망
날아가는 나의 자랑

동인천 · 30

동인천 바닥이
넓어 보이던 날

누구의 터전이었는지
지우고 또 지우며

불러봅니다
아버지

한 치 작아지는 날

띄엄띄엄 눈 발치로
홍예문 언덕을 올라
안기고 싶습니다

아버지

동인천 • 31

바다 개홈 내음이
코끝을 치고 갈 때

유년의 한 자락이
너풀거리며 웃다
텁텁하고 시린 월미도 선착장
뭉클 파도를 안고
구수함으로 숨을 고른다

도화지에 그린 굴뚝의 높이가
가늠하던 바닷가는
늘어난 수로
붓을 놀리고

사라지는 것보다 늘어난 것에
기억의 잣대를 띄워야
항해에 오르듯

희뿌연 콘크리트바닥에 밟히는
노래가 어깨를 타고
키를 잡는다

동인천 · 32

눈물이
가물가물 눈시울 가로질러
흘려두고 가야 하는 날

하늘과 땅 사이를
십 수번 오르내린
바람의 언덕

사뭇 그려진 길 위로
짓눌린 아픔
상처를 품고 운다

동인천 • 33

로고 그려진 종이컵으로
커피 믹스 한 잔
마신다

드라마에 눈을 두고
살림 한 발작 뒤로 밀어 놓은
지인의 토로가
맞아 들었다

있다는 것만으로도
도로 위를 질주하는 굉음까지도
그 거리에서
뱉지 못한 가시 한 편
울렁이며 찾아온다

배다리 지나
동인천 바닥 돌아
율목동 도서관에 노을자락을

이제는 다 옛일로
접어 두고 있다

동인천 · 34

굽이굽이 꼬꾸라져 버린 언덕과 골목
송림로터리 지나 노동회관
이 약국 골목 따라
모퉁이 황해 여인숙
하늘 바라고 오르는 언덕엔
붉은 기와집

냅다 달려 다다른 송림학교
정문 자락엔 오르막길
배다리 뱀탕집 돌아
문화극장 골목 새로 가면
영화 상영 중

수도국산 꼭대기엔
월미도가 보이고
선인재단이 보이고
송도 앞바다가 보이고
목재공장이 보이고

언덕 내려 골목
줄달음치는 골목

품어 지닌 어느 날
뚫린 도로 노모와 오르긴 숨차다
아파트 숲에 눈이 무겁다

동인천 · 35

자고 나면 쌓이는 꾸러미
물끄러미 바라보다가
내다 버리지도 풀어내기도
먼발치 눈 아름

두드리는 문소리에
썰물 빠지듯
황급히 나온 사연일랑
버거운 애정일랑

한두 해 지나도록
끌어안고 살다가 살다간
올 곳 생채기
떨쳐내야 할 몫
삶의 언저리

동인천 · 36

울렁이는 기차 토함 소리에
나그넷길 조이는 가슴 풀고

석정루 귀틀 안으로
신포시장 쇼윈도 바람 실려 월미도 지나는 배

시절 껴 앉은 인현골목 집 한 채
답동 붉은 담벼락 동여 놓은 시간 뒤로
꾸역꾸역 벌이는 흥정

구겨진 지폐가 생선냄새 삼키며
두둑이 쭉쭉 뻗는 광장

동인천 • 37

홍예문 자락 다다라
철학관 방석 삼아 운운하다

맥아더 동상 오르며
순국선열의 숨
작은 머리로 헤아리고

이민 간 벗에
편지 띄우려 우체국 청사 들르면
윤동주 시인의 「부모」 시 구절
근대문학관 문지기 되어 부르네

월미도 선창가 바위로 올라
뉘엿뉘엿 노을 속 담그며
인천역 플랫폼 벤치를 내긋다
사통팔달 사이로 엉금엉금 새김질

4부

꿈꾸는 高度

낡은 집

삐꺽거리는 대문이 반갑다
쪽마루 편으로 부는
골목 바람은 시원하다

처마 끝 빗물이 홈통으로 몰리는
낙숫물소리는 우렁차서 좋다

굴뚝 안고 빠져 나오면
굴뚝 밖이 판자 틈으로 훤하다

늦은 귀가로 지친 아버지가
손발 씻고 하루의 피로를 놓아두었던 방

청춘과 인생을 꼬박 끌어안고
사투했던 시절의 낙서장

아궁이 속 검은 재를 애인처럼
토닥이고 걸러주며 지녔던 나날

세밑한파

네잎 클로버 잎사귀 따다
정겹게 건네주던 눈빛

산중턱 오르다 숨이 차 멈칫
암벽 타는 디딤 뫃 해주던 손길

한나절 단풍 마중으로
땅거미 안고 마주하던 미소

칼바람 업고 눈발 속
호명하던 목소리

아름아름 피어나 진종일 머물다
건불 마냥 떼어도 떼어도
슬그머니 다가와
얼음장 물길 따라 유유히
세월 품고 저만치 간다

정서진 가는 길

설렘보다 섬 자락에 걸린
안부에 귀를 맞추고

붉디붉은 뜨거움 속
까맣게 익을 속살을 이야기하며
멀지도 가깝지도
가늠조차 내동댕이치고

칠흑의 발길만 건네주는 수고로움

잿빛 물가 위로
연신 서풍은 혀를 내고
가라가라 울음 울적

바다로 간 갈매기는
고향 숨어 안고
밤을 지새운다

언덕 위 나무

굽이쳐 돌면 바로 보이는 곳
다리 품 모자랄 때 쯤
그저 괜찮다 넉넉함을 주는 곳

어릴 적 등이 뭉개지도록
업어줘도 또 업어주던 언덕

길을 잃던 날
온 힘이 다 빠져 나간 날
저녁 어둠과 함께
빛을 품으며

쿡쿡 눌러
밥 한 그릇으로
고된 일 힘든 줄 모르던
사방으로 뻗었기에
맞닿은 아버지 나무

미루나무

덥던 여름 진종일 울던 매미
가을 길목에 나뭇잎 노래로
창공을 수놓고

벗은 몸 당당하게
하늘 꼭지 향한
우뚝 서 기다린 바람마저 떠나면

뒹굴던 속삭임과
푸르던 향기는
품안으로

뻣뻣한 껍질을
옷 삼아 울타리 치고
단단히 묶어 둔 욕망마저
가느다란 물관에 의지하며

자금 자금 축이는 나이테
혹한에 엉겨 붙은 핏줄
불굴의 전령사

시처럼 바람처럼

억새풀 휘날리는 들녘 바람
마디마디 외쳐대는 소리
어린 자식 마음 구석으로 못난 어미의 허물
우물 파내듯 귀에 대고 가슴에 대고
물질을 한다

삶의 터를 수십 번 오가는 벽과 허물 사이
다진 마늘의 눈물어린 사연처럼
풀린 모습

을씨년스럽게 부는 새벽 도로 위
오갈 데 없는 검은 봉지의 방황이
고층 아파트 시야에 꽂힌 외마디
시처럼 바람처럼

기다리고 있을 그를 위하여

만석부두자락 왕대포집
탁주 사발막걸리 잔이
송현시장 장마 통 오이지에
구수한 황석어구이가
번잡한 경동사거리께 우직한 양복점 간판이
배다리 초입 서양풍물 마담이
수도국산 언덕 전봇대
걸린 방패연 댓살들이
기억이 흠뻑 젖은 몸으로
낡은 점포 안 한가득 퍼낸다

꿈꾸는 高度 • 5

생생한 기억으로
차오르는 사진첩 이야기는
오래지도 않았는데
왔다가는 가고

동여맨 꾸러미에는
한 줄기 기다림만이

뜨거운 햇살에
세찬 몸부림으로
거리 行人으로
다가오는 건
삶의 의지를 뒤흔드는 갈망

꿈꾸는 高度 · 6

종이에 손끝이 베이던 날
돈을 주고 샀습니다

감춰 두었던
열정으로
마침내 드러나고 말 일

발길이 닿고
응시하는
주체할 수 없는 힘은
시간을 멈춰 쥐고

바다 건너
산 넘고 또 산을 지나야
만날 수 있는데

이 밤 당신
당신은 내 품에 와 계십니다

꿈꾸는 高度 · 7

망설임 끝이
온기마저 묻은 指尖의
파동을 깨며
달려오는 날

채 식지도 않은 뜨거움이
한 걸음으로 몰려와
부산스레
두드리는 날

내려앉은 가슴
이어지는 緣故에

멀고도 먼 이야기
해가 진다

꿈꾸는 高度 · 8

당신도
보고 싶은가요

달려가는 세월만큼

하나, 둘
늘어나는 건
아껴 두었던 분첩 속
미소

가슴이
살아 있는 한

흘러가는 강물이
덮어 둔 말로 남아
물안개를 그리고

당신도
보고 싶을 적 있나요
알고 싶어요

꿈꾸는 高度 • 9

말간 햇살이
재넘이에 달음박치며
엊그제 두고 온 정 마냥
솔솔 옷깃을
저미어 올 때

행여
미워졌는지
잊혀졌는지

서성거림의 분주함마저
봄비에 떨구는
목련 잎새의 나락처럼
가엾이 울 때

행여나
미워졌는지
잊혀졌는지

꿈꾸는 高度 • 10

뜨거운 불 속에서 녹여 먹던 설탕물
소다 맛을 못 견뎌 아삭아삭 추억의 뽑기가 되던 날
따로 또 같이 오랜 동안 지나쳤을 듯 기시감
가을이 깊어서 깊어
사무친 낙엽 한 모퉁이 썰렁함으로
체온을 데우고
가는 시간 아름아름 소심에
다시금 아암도가 머다랗다

評說

연작시「동인천」이 함의(含意)하고 있는 원형(元型)의 그리움

김기영

1. 여는 말

백서은 시인은 언어의 생략을 행동으로 실천하는 시를 쓴다. "글은 그 사람이다."라는 뷔퐁의 말처럼 묵식(黙識)한 그녀의 성품과 흡사하다. "쓴맛의 사고를 씻는다"(「동인천·13」 1연 끝 행), 우물을 "바람도 비껴가는/ 파란 신호등"(「우물」 5연), "뒤돌아서도/ 소리 없는 소리로 잡는/ 애달픈 風牙"(「香」 4연), "아량 없는 순백의 시공이여"(「누이의 꽃」 2연 끝 행) 등 은유, 알레고리(allegory), 상징의 기법으로 함축하고 압축하여 심플(simple)하게 표현한다. 언어의 절묘한 조합도 돋보인다.

백시인은 '시적 언어'라고 할까? 남다른 자신의 '시적 어

김기영 전 인천대학교 평생교육원 강사
　　　　시인·성산문학회 회장

법'을 가지고 있다. 어떤 사실이나 감정, 사상을 직접적으로 기술하기보다 이미지와 율격을 통해 암시하거나 의미를 상징적인 기법으로 형상화시켜 메시지를 전달한다. 그리하여 신선한 말맛과 표상적인 형상이 뚜렷하다. 유미적인 묘사는 아니라도 예술성이 뛰어나다. 또한 감각(感覺)상 혹은 지각(知覺)상의 체험을 지적으로 재생하는 것을 기억이라고 하는데 이를 표현하는데 기발하다.

인간의 기억작용은 꼭 암기해야 할 사실은 잘 잊어먹으면서 향수와 같은 정서는 잘 보존한다는 말이 있다. 프로이드는 '불쾌한 기억을 잃어버림으로써 방위(防衛)한다'고 말했다. 숨기고 싶은 기억, 억압된 성적 경험이나 환상을 숨기고 싶을 때 편리하게 덮개기억(screen memory)이나 은폐기억이라고 하는 작용으로 숨겨놨다가 꿈이나 신경증, 향수 등으로 모르는 새에 살며시 흘려보낸다.

향수는 타향에 있는 사람이 고향·부모에 대한 그리움 등 원류(源流)에 대한 동경이다. 향수가 시가 되기 위해서는 어떤 모티브가 있어야 한다. 그 모티브는 추억의 창고인데, 기억의 오솔길 또는 추억의 광장이라고 할 수 있다. 그 오솔길이나 광장에서 문득 스치는 영상 또는 발상이 있어야 한다. 번개처럼 떠오른 영감이나 샛별처럼 빛나는 발상이 있다하더라도 그 순간을 포착할 수 있는 시적 능력이 없으면 곤란하다. 앨런 긴즈버그(Allen Ginsberg)는 자신이 시를 쓰는 방법을 "심신의 최고의 순간"을 표현하는 것이라고 했다. 장콕토(Jean Cocteau)는 "영감을 인간이 실제 체험했던 여러 가지 경험적인 요소가 한 순간에 어떤 창

조의 힘으로 나타나는 것"이라고 하였다. 막스 에른스트(Max Ernst)는 "영감을 하나의 최면상태의 무의식적인 표현"이라고 하였다. 시를 쓰는데 삶의 깊은 바탕에 깔려 있는 기억을 꺼내 시적 언어로 표현하는 장치를 폴 발레리의 말을 빌리면 "정신의 노작"이라고 볼 수 있다.

향수와 관련지어 "고향이란 그 사람의 가슴엔 사랑의 원류(源流)이기도 하고 눈물의 원천이기도 하고, 때로는 보석이기도 하고 병이기도 하며, 버리려야 버려지지도 않는 모토(母土)인 것이며, 뽑으려야 뽑아지지도 않는 마목 같은 것이기도 하다."고 정완영(鄭椀永)은 언급(言及)하였다. 그래서 어떤 사람은 고향을 아름다운 명승지보다 더 아름다운 곳이라고 했고, 어느 심리학자는 어려움과 외로움을 극복할 수 있는 힘이요, 영원한 종교라고 했다. 이와 같이 모든 사람이 공통적으로 지닌 보편적인 정서가 사랑, 향수, 홈식(home sick), 노스탤지어(nostalgia) 등인데 나는 이를 원초적 그리움 또는 원형의 그리움으로 보았다. 헌데 생명의 근원이면서 돌아가고 싶은 고향이 언제부턴가 변화·발전이라는 명목으로 사라져 가고 있다. 그립고 애틋한 추억이 지워져 가고 있다. 마침내 백시인은 '향수'로 자신을 옭아 맺다. 그 올가미를 풀기 위해 다시 옛날로 회귀(回歸)한다. 그 과정이 시를 쓰는 작업이다. 비트겐슈타인은 "나는 나의 세계이다"라고 하였다. 누구나 자신이 걸어가는 방향으로 자신의 삶은 펼쳐진다. 백시인은 시인의 말에서 "비바람 치면 비 맞고 눈보라치면 눈 맞으며 살아가는 일/ 아련한 유년의 번지를 기억하고 찾아내듯이/ 아프면 아파서 보고프면 보고 싶어 애간장 다 녹이듯"한 삶을 살아왔다. 이러한 그리움은 "흐르는 물과 떠다니는 공기처럼 놔두다 영혼에 닿으면 어느 날 어떤 시"로 펼쳐진다. "시가 있고 노래가 흐르며 언제든 떠날 채비를 하는 가벼움이 있다면 거뜬히 감내하리라"고 비장한 각오까지 한다. 그리하여 연작시「동인천」이 탄생하였다.

나는 이 텍스트에서 백시인이 시를 쓰는 동력을 "그리움"으로 보았고, 이 그리움을 2가지로 구분했다. 첫째 원형적인 그리움과 두 번째 후천적 그리움으로 사랑을 설정했다. 이에 따라 원형의 그리움은 「동인천」 연작시와 '바다'와 '산'을 주제로 한 시. 사랑에 대한 그리움은 연작시 「꿈꾸는 高度」로 삼았다. 주제가 그리움에서 완전히 벗어난 것은 아니지만 다소 거리가 있는 시를 모두 〈기타시〉로 묶었다.

2. 펴는 말

1) 연작시「동인천」이 함의(含意)하고 있는 원형(元型)의 그리움

백시인이 왜 '동인천'을 주제로 연작시를 쓸 만큼 집착하고 있는지 정확히는 모른다. 시인은 전에 "詩는 감자 한 개 값도 못된다. 목숨처럼 내걸고 살아봐도 짐이 된다."고 실토(實吐)한 적이 있다. 오죽하면 이와 같은 자조적(自嘲的)인 언사(言辭)를 쓰게 됐을까? 그러면서 세상을 "벗어나 보자, 나라는 존재를 던져보자."고 다짐했다. 그리고 비움의 철학으로 다시 내디뎠다. 그것은 그리움으로 환원(還元)된 삶이다. "……뒤통수를 따라다니는 유년의 흔적// 코흘릴 적 사르도록 사무쳐……//"(「동인천·29」 1·2연 부분) 그대로 주저앉을 수는 없다. "울고 싶던 날/ 보고 싶던 날/ 손가락 사이 한 움큼의 온기일 뿐"(상게시 끝 연 부분) 이라도 동인천은 한 때 희망이요, 자랑이었다.

동심은 벗어나고 싶었던 통과의례지만 세월이 흐르고 나면 한없이 그리고 애틋한 정서이므로 이를 증명하기 위해서 '동인천'을 메인 오브제로 삼고 그리움을 하위개념으로 클러스터(cluster) 지어 소재에 따라 시로 형상화 시켰다.

백시인은 연작시에서 "온전히 말하리라 별렀는데"(「동인천·22」 중간 행), 기회가 닿지 않아 망설이고 있었다. 허나 입을 다물려고 하니 또 말하고 싶다. "아시는지/ 쉽사리 접기에/ 부두에 정박한 기관선의 기세"(「동인천·23」 첫 연)처럼 가슴을 쿵쾅쿵쾅 거리게 한다. 추억을 떨쳐버리고자 하면 "내동댕이칠수록/ 달려드는/ 혼돈//"(「동인천·23」 끝 연)처럼 버리기 아까워, 마침내 묻혀가는 향수를 지키기 위한 간절한 몸부림으로 「동인천」 연작시를 쓰게 되지 않았을까?

「동인천」이란 연작시는 미시적(微視的) 관점에서만 본, 제한 된 사고의 오솔길이 아니라 다양한 시의 시원(詩源)이다. 부제를 달지 않아 의미 장악(掌握)이 다소 떨어지긴 했지만 암유와 상징을 통해 이미지에 접근할 수 있었다.

비릿한 바다 냄새는/ 동부시장 개천 끼고/ 밀물로 다가올 적/ 하얀 그리움이었다// 집채만 한 통나무 적재소에서/ 흘러나오는 친구들의 고함소리에서/ 나의 꿈을 찾아야 했다// 겨울 눈 속을 가파른 수도국산 길 오르다 보면/ 연줄에 감긴 전선에서/ 잊었던 꿈을 찾아야 했다// 손등이 터지게 흙바닥 지치며/ 얼어붙은 언덕을 타고 내려오던/ 대나무 썰매에서/ 잊었던 꿈을 찾아야 했다.// 기수들이 탄 말들이/ 출발 문에 서서 신호를 기다리다/ 동시에 박차를 가하는/ 모습이 떠오른다// 추억의 광장에서 (「동인천·15」 전문)

이 시는 은유적인 기법을 많이 활용해 쓴 시다.
　생선의 비릿한 냄새인 '비릿한 바다 냄새', 희미한 그리움을 '하얀 그리움'으로, 쌓아놓은 통나무를 '집채만한 통나무'로, 어린 시절에 뛰어놀거나 보았던 경험을 '잊었던 꿈'으로, 아이들이 썰매를 타고 일제히 달리는 모습을 '기수들이 탄 말'로 묘사했다. 빛바랜 흑백사진을 들여다보고 사진 속의 아련한 사연들을 건져 올려 추상(追想)하면서 쓴 회상시(回想詩) 같다. 유년과 청소년 시절의 삶의 환경이 적나라하게 묘사되어있다. 끝 행의 '하얀 그리움'은 '찔레꽃에 대한 그리움' 등 다의적으로 해석할 수 있는데, 여기선 포말(白潮)이 부서지면서 풍기는 냄새가 '하얀 그리움'으로 상징화 되지 않았는가 여겨진다. 또는 1연 전체를 아우르지 않을까 하는 견지(見地)도 가져본다.
　밀물 때 하수도와 연결된 개천에는 바닷물이 들어왔다. 또 바닷가에선 화물선에서 하역해 놓은 목재가 쌓여있었다. 수도국산 길은 애환이 많이 서린 달동네였다. 농촌에서 올라온 돈 없는 사람들이 방 한 칸 얻어 살던 곳이다. 당시는 꽤 높은 언덕이다. 길가엔 비스듬히 쓰러진 전봇대도 있었고, 낮게 드리운 전선줄엔 의례히 연줄이 걸려있었다. 겨울엔 녹다 남은 눈이 빙판이 되어 물지게 지고 가던 사람이 나뒹굴고 흐르는 물은 곧바로 얼어붙었다. 아이들은 얼음지치기를 했다. 용감한 아이들은 쪼개진 대나무 토막을 신발 밑에 대고 언덕을 미끄러져 내려오곤 했다. 그 때 깡통 들고 밥 얻으러 다니던 까만 아이들은 모두 어디로 갔을까? 시인은 언덕에서 대나무 썰매를 타고 내려오는 아이들의 모습에서 경마장 모습을 연상했다.

 '아이들이 쏜살같이 내려오는 모습'과 '기수가 탄 말이 출발문을 벗어나 내달리는 모습'을 대비시켜 더욱 긴박하고 숨막히는 순간의 생동감을 떠올리게 했다.

　바다 개흙 내음이/ 코끝을 치고 갈 때// 유년의 한 자락이/ 너풀거리며 웃다/ 텁텁하고 시린 월미도 선착장/ 뭉클 파도를 안고/ 구수함으로 숨을 고른다// 도화지에 그린 굴뚝의 높이가/ 가늠하듯 바닷가는/ 늘어난 수로/ 붓을 놀리고// 사라지는 것보다 늘어난 것에/ 기억의 잣대를 띄워야/ 항해에 오르듯// 희뿌연 콘크리트 바닥에 밟히는/ 노래가 어깨를 타고/ 키를 잡는다 (「동인천·31」 전문)

이 시는 5연으로 구성되었는데 각 연마다 감각 이미지가 병치, 오버랩(overlap)되어 그리움을 더 간절하게 한다. 2연

'한 자락이 너풀거리며 웃는다', '텁텁하고 시린 월미도' 후각과 촉각 이미지의 중첩, '뭉클 파도를 안고／ 구수함으로 숨을 고른다' 촉각, 후각 이미지의 중첩, 3연 '도화지에 그린 굴뚝의 높이가' 시각 이미지, 4연 '기억의 잣대' 추상 이미지, 5연 '희뿌연 콘크리트 바닥에 밟히는', '노래가 어깨를 타고', '키를 잡는다'는 시각, 청각, 촉각 이미지로 각각 순열 병치하였다. 이미지를 다양화 하여 그리움을 한층 강렬하게 하였다.

    울렁이는 기차 토함 소리에／ 나그넷길 조이는 가슴 풀고／／ 석정루 귀틀 안으로／ 신포시장 쇼윈도 바람 실려 월미도 지나는 배／／ 시절 겨 앉은 인현골목 집 한 채／ 답동 붉은 담벼락 동여 놓은 시간 뒤로／ 꾸역꾸역 벌이는 흥정／／ 구겨진 지폐가 생선냄새 삼키며／ 두둑이 쭉쭉 뻗는 광장 (「동인천·36」 전문)

"나그넷길 조이는 가슴 풀고", "꾸역꾸역 벌이는 흥정", "두둑이 쭉쭉 뻗는 광장" 등 독특한 시어가 오히려 신선하다. 짧은 9행시에 기억의 잔상을 가득 담아냈다. 모든 인식은 기억이라고 했고, 기억을 떠 올려 보는 것은 삶의 기쁨이다. 시인의 기억 세포는 한곳에만 머물러 있지 않는다. 전자파처럼 종횡무진 누빈다. 기억은 시어에 의해 레일처럼 의식의 바다에 사통팔달 이어져 있다. 어느 날 갑자기 기억이 캔슬(cansel) 된다면 어떻게 될까? 이 시를 읽으니 신사임당의「사친(思親)」이 떠오른다. 귀심장재몽혼중(歸心長在夢魂中, 돌아가고 싶은 마음 늘 꿈길에 있네).

2) 연작시 「꿈꾸는 高度」의 사랑

'高度'가 의미하는 메시지가 뭘까? 사전적 의미는 '높은 온도', '높은 각도'일 텐데 여기서는 바라는 '사랑의 높은 온도'일까 아니면 '추구하는 눈높이의 기준'일까? 백시인이 추구하는 어떤 추상적인 개념을 형상화하기 위해 원용(援用)한 것 같다.

　당신도/ 보고 싶은 가요// 달려가는 세월만큼// 하나, 둘/ 늘어나는 건/ 아껴 두었던 분첩 속/ 미소// 가슴이/ 살아 있는 한// 흘러가는 강물이/ 덮어둔 말로 남아/ 물안개를 그리고// 당신도/ 보고 싶을 적 있나요/ 알고 싶어요 (「꿈꾸는 高度·8」 전문)

누구를 위해 지어보였던 분첩속의 미소일까? '당신에게 향한 마음은 강물이 흘러가도 물안개는 남듯 이 가슴이 살아 있는 한 언제까지 영혼으로 남아 있을 것입니다. 당신은 알고 있나요. 이 내 심정을 -' 하는, 소리 없는 발화(發話)다. 첫 연 '당신도 보고 싶은 가요', 끝 연 '당신도 보고 싶은 적 있나요 알고 싶어요'. 첫 연에서 가볍게 물었다면 끝 연에서는 꼭 집어서 물었다. 완곡(婉曲)한 연애시다.

　여기서 볼 때 '高度'는 사랑하는 사람과 함께 설계하고 끌어올려 누리고 싶은 삶의 품격, 행복의 눈높이다. 짝사랑에 머문 여심(女心)은 세월이 흐른 후 담담히 "행여/ 미워졌는지/ 잊혀졌는지"(「꿈꾸는 高度·9」 2·4연). 안타깝게도 물을 뿐이다.

 "동여맨 꾸러미는/ 한 줄기 기다림만이//"(「꿈꾸는 高度·5」 2연)에서 보듯 '기다림'이 묘사되어 있다. 여기서의 기다림은 '사랑'을 심의(深意)로 하고 있다. "이 밤 당신/ 당신은 내 품에 와 계십니다"(「꿈꾸는 高度·6」 끝 연). 실제건 환상이건 서로 품고 있다는 것은 '사랑'하고 있다는 다른 언어다. "채 식지도 않은 뜨거움이/ 한 걸음으로 몰려와/ 부산스레/ 두드리는 날//……멀고도 먼 이야기/ 해가 진다.//"(「꿈꾸는 高度·7」 2·3연). 망설이다 휴대폰 전화번호를 누른다. '나 간다'고 말을 하자마자 달려와서 벨을 누른다. 그리고 둘이서 하루 종일 이야기를 나눈다. 그립지 않은 사람과 또는 사랑하지도 않는 사람과 해 질 때까지 이야기 할 사람은 없다. "당신도/ 보고 싶은가요", "하나, 둘/ 늘어나는 건/ 아껴 두었던 분첩 속/ 미소"(「꿈꾸는 高度·8」 1·3연). 역겨운 사람에게 다정한 미소를 지을까? 사랑하는 사람에게 미쁘게 보이려고 분첩을 열고 거울을 보며 분을 바른다. 그리고 미소를 지어 보인다. "행여/ 미워졌는지/ 잊혀졌는지"(「꿈꾸는 高度·9」 2·4연) 간결하게 기다리는 감정을 표현했다.

 "가는 시간 아름아름 소심에/ 다시금 아암도가 머다랗다"(「꿈꾸는 高度·10」 끝 2행)라는 구절이 있다. '가는 시간'과 '멀어지는 것'은 안타까움을 내포하고 있다. 안타까움은 '그리움'을 동반한다. 따라서 연작시 「꿈꾸는 高度」 6편은 모두 연가(戀歌)로 보고 싶다.

3) '바다'를 주제로 한 시에 나타난 그리움

'바다'를 주제로 한 시는 모두 10편이다.「해당화」,「백령도에 가면」,「해가 지는 바다 풍경」,「겨울 회상」,「바다 이야기」,「바다가 있는 풍경」,「항구의 밤」,「바다가 부르면」,「석모도 가는 길」,「정서진 가는 길」.

"산을 지척에 두고/ 바다만 바라보고 있는 건/ 못잊은/ 그 누가 있기에 그런 것일까"(「해당화」 4연). 산을 연모의 대상으로 빗댔다. 어떤 사연 때문에 미련을 버리지 못하고 있는지 모르지만 자신의 속내를 형상화 한 것 같다. 앞 연 끝부분에서 "…바다를 버리지 못하는 건/ 누구를 기다리는 것일까"하고 식물 '해당화'의 운명을 상징화 했다. 한편 '자신과 동행할 어떤 사람을 기다리는 듯' 한 뉘앙스(nuance)도 있다.

"화려함을 감추고/ 위대함을 사르며/ 바다로/ 더 먼 바다로"(「해가 지는 바다 풍경」 5연). 석양에 지는 해를 보며, 자신을 낮추고 겸손한 자세로 떠나는 연인을 의인화하였다. 기발한 착상이다. "갯벌 숨구멍으로/ 들이대는 물살//……/ 물길 선 갯바닥/ 메마름에 물러 간 해안선"(「겨울 회상」 2·5연) 밀물 때 바닷물이 약해져 게 구멍 등으로 빨려 들어가는 모습을 능동적인 어법으로 표현했다. '물러 간 해안선'은 조금 때면 염기가 말라서 자연스럽게 생기는 백화현상을 말하는 것 같다. '현재 여기서 더 먼 곳으로 갔다'는 시어엔 해후가 아니라 결별의 영상(映像)이 담겨 있다. 결별의 감정은 페이소스(pathos)다. 백시인은 '바다'

를 주제로 한 시에서 내밀한 '그리움'을 상징 또는 의인화로 에둘러 표현했다.

4) '산'을 주제로 한 시에 나타난 그리움

'산'을 주제로 한 시는 모두 8편이다. 「진달래」, 「無心」, 「摩尼山 겨울」, 「눈 내리는 山寺」, 「산」, 「산을 오르며」, 「태백산맥」, 「산행」.
"소나무 숲길 따라/ 키 작아 누운/ 다소곳한 새아씨 볼처럼/ 자홍빛 춤사위에/ 애타는 청춘//"(「진달래」 3연). 봄철 산길을 따라 걸으면 작은 바위 옆에 피어 있는 한 무리 진달래꽃을 볼 수 있다. 누가 읽어도 처녀의 부끄러운 자태를 묘사했다고 여길 것이다. 사랑하는 사람이 아니라도 좋다. 봄바람은 불고 꽃들판은 현란하다. 말은 하고 싶은데 말 못해 애가 타는 수줍은 처녀의 심정은 어떨까? 당시의 부끄러움이 오늘에 와서 '그리움'으로 나타났다.

사람이 보고 싶다/ 情이 그립다/ 山은 저기 서 있는데//
(「산」 첫 연)

자연이 사람을 보고 싶은 것인가. 화자가 사람을 보고 싶어 하는 것인가. 함께 산행하던 사람들과 점심도 먹고 커피도 마시던 일들을 떠올려보니 또 산에 가고 싶다는 이야길 것이다. 원망스럽고, 고통스럽던 과거일지라도 과거는 '그리움'으로 기억되는 법이다. 그래서 '산은 저기 서 있는데'

하고 안타까워하는 것이다. "산은 저처럼 서 있고/ 겸손은 무게로 진을 치고/ 가슴은 텅 빈 충만으로/ 새겨진다"(「산을 오르며」 5연). 산을 보면서 인생의 참 의미를 깨닫는 듯한 시다. "귀에 돌아/ 몸 던져 부서지는/ 폭포의 마음을/ 눈에 담기 아리다"(「無心」 5연). 관조적인 시혼(詩魂)이 깔려 있는 시인데, '폭포의 마음'을 혼돈의 질곡 속에서 사는 삶으로 빗대어 본다. '귀에 돌아'는 '물이 바위에 부딪쳐 물방울로 산란하는 소리'로 들리니 '삶이 어찌 아프지 않을까?'라는 의미일 것이다. 자연현상에 투사된 시인의 시정(詩情)이다. 서경적 풍경을 아름다운 서정적 이미지로 묘사했다.

5) 기타 주제 시에 나타난 그리움

기타 시는 「수첩반란」 등 33편인데 안타깝게도 몇 편만 골라 논평했다.

수첩은 기억의 서랍이다. 그 서랍을 시간이 흐른 후 무심코 열어본다. 기억은 살며시 고개를 들고 실루엣으로 다가온다. 이어 선명한 이미지로 클로즈업 된다.

> 서걱서걱 머릿결을 얼어붙게 하는/ 한파를 겪는다 (「수첩반란」 2·3행)

빼곡히 적힌 메모를 보고 왜 얼음 조각이 부딪는 한파라고 은유했을까? '냉정하다' 못해 '온 몸이 벌벌 떠는 순간'을 의식한 것일까? 한 때 마음을 다잡고 큰마음으로 '시작'이라는 걸망을 지고 한 일도 있을 것이다. 구체적 사연을 품고 시작한 프로젝트일수록 기억은 더욱 뚜렷하다. 그 기억의 오솔길을 따라 걸으면 기억의 광장은 새롭다. "저녁연기 올리는 농가의 굴뚝에서/ 무릇 벗이 부른다"(상게시). 어렸을 때의 향수가 끈적끈적 묻어난다. 저녁 때 동구 밖에서 동네를 보면 이내가 끼어 있다. 또 소나무 숲이 만든 곡선은 우리민족의 한의 굴곡이기도 하다. 초근목피(草根木皮)의 송피(松皮)와 일제 때에 송유(松油)를 채취하기 위해 조선의 소나무는 수난도 많았다. 시인은 '수백 년 지기 적송의 운명처럼'(상게시)이라고 함축했다.

"꽃잎은 떨어지고 그 곁으로/ 잎새가 돋아나면/ 눈부신 황홀은 쓸쓸히// 어찌할까 내 속은/ 붉은 빛으로 물들고//"(「봄날은 가고」 2·3연). 꽃이 진다고 서러워 할 일도 아니다. 어쩌면 꽃향기에 취해 비틀거리던 마음을 다잡을 기회이기도 하다.

목련인지 철쭉인지 어떤 꽃잎이 떨어져 있는지 모른다. 다만 떨어진 꽃잎을 보며 잠시 삶의 한 때를 떠올려 본다. '꽃 → 눈부신 황홀 → 붉은 빛'으로 이어지는 시각적인 연속성이 환상적인 이미지로 연출되어 삶을 긍정적으로 관조하게 한다.

"늦은 귀가로 지친 아버지가/ 손발 씻고 하루의 피로를 놓아두었던 방//"(「낡은 집」 4연). 이 시는 리얼리즘 시는 아니지만 이용악(李庸岳)의 「낡은 집」이 떠오른다. '낡은 집'을 실제의 모습으로 구상화(具象化)하면 고즈넉한 이미지가 떠오른다. 퇴락한 건물, 소식도 없는 피붙이들, 한 식구로 살았던 사람들의 애증(愛憎) 등 어쩌다 고향을 찾은 사람에게 인생의 무상함만 감득(感得)하게 한다.

"어릴 적 등이 뭉개지도록/ 업어줘도 또 업어주던 언덕"(「언덕 위 나무」 2연). 아버지의 잔등을 자연의 언덕으로 빗대어 묘사했다. 눈물이 핑 돌 정도로 부정(父情)을 느끼게 한다. '넉넉함을 주는 곳'(1연), '업어주던 언덕'(2연), '빛을 품으며'(3연), '아버지 나무'(4연)를 한 문장으로 이어놓았을 때 각 구절이 상징하는 섬광적인 이미지는 '그립고 보고 싶은' 아버지(父)다! 버팀목 같았던 아버지다.

3. 닫는 말

지난여름은 열대성 기후 지대인가 착각할 만큼 폭염이 계속되었다. 105년만의 더위라는데 기상 보도는 가끔 오보였다. 그런 복중에 원고를 받았다.

나는 그동안 시한부 삶을 건넜다. 절망의 순간이 들 때마다 단 한 번뿐인 여정임을 내 자신에게 힘주어 강요하며, 원망과 분노와 허탈의 순간을 삭였다.

나의 상태를 알면서도 부탁한 저의를 깨닫고 쾌히 원고를 받았다.

원고를 받고 처음 수록 작품 「수첩반란」과 다음 「존재의 늪」 등을 읽으면서 T.S. 엘리엇이나 김춘수 시인 같은 주지주의적인 작품을 쓰고 있구나 하고 생각했다. 이를테면,

"빼곡히 적힌 나름대로의 토로에/ 서걱서걱 머릿결을 얼어붙게 하는"(「수첩반란」1·2행), "밤길 따라서/ 내 안의 눈으로 보았는데"(「들꽃」1·2행), "가야 할 곳이 있어/ 버스에 올라타고"(「존재의 늪」1·2행) 등 자기의 이지적인 주관이 그대로 서술되었기 때문이다. 허나 제3·4부를 읽으면서 논평(論評)의 방향을 바꿨다.

연작시 「동인천」에 큰 관심을 갖게 되었다. '동인천'이 백시인의 고향인지 아닌지 모르겠지만, 작품상에선 고향에 대한 회귀, 원형의 그리움이 넘쳤다. 작품의 분량으로는 30.5%에 지나지 않지만 시가 갖고 있는 무게감은 전체를 포괄했다. 첫 시집에도 「동인천」연작시를 게재한 것을 보면 시인 자신도 큰 비중을 두고 있는 것만은 사실이다. 백시인은 연작시 「동인천」을 통하여 그 동안 쌓아두었던 기억을 하나하나 풀어냈다. '기억이란 바로 잃어버린 사물에 대한 향수요, 귀향의 운동이다'라고 신동집(申瞳集)은 말했다. 따라서 마음속에 소멸되지 않는, 마치 영구자석의 자력과 같은, 이 지상에서 가장 장엄한 고향을 자신만의 독특한 격조(格調)와 시어로 애틋하게 그려 냈다.

원고를 읽고 나니, "나의 살던 고향은……그 속에서 놀던 때가 그립습니다."(이원수의 「고향의 봄」), "내 고향으로 날 보내 주……내 어릴 때 놀던 내 고향보다 더 정다운 곳 세상에 없도다."(블랜드James Alan Bland의 「내 고향으로 날 보내 주」) 같은 시들을 연상했다.

전체적인 작품들을 궁구(窮究)할 때 백시인은 탁월한 시적 능력을 갖고 있다. 거의 모든 시가 은유와 상징으로 형상화 되었고, 가끔 전경화(前景化, Foregrounding)가 순간의 생동감을 맛보게 했다.

  나는 백시인이 '동인천'이란 지명으로 연작시를 계속 이어쓸 것인지 모르겠다. 만약 향토시인의 사명감을 갖고 시로 형상화시켜 놓고 싶다면 인천의 시간적·공간적 역사성이 포괄하는 문화적·지정학적 소재로 지평을 넓혔으면 한다.

백서은 시집
동인천

초판 1쇄 발행_ 2016년 11월 3일

지은이_ 백서은
발행인_ 윤미경
발행처_ 도서출판 다인아트
　　　　주소_ 인천광역시 남동구 구월3동 1096-19 3F
　　　　전화_ 032.431.0268 | 전송_ 032.431.0269
　　　　홈페이지_ http://dainarts.com | e-mail_dainart@korea.com
디자인_ 장윤미

ISBN 978-89-6750-038-2 (03810)
값 9,000원

※ 잘못된 책은 바꾸어 드립니다.
※ 이 책의 저작권은 도서출판 다인아트에 있으므로 내용 중 일부 또는 전체를
　 복사하거나 전재하는 등의 저작권 침해를 금합니다.
※ 이 책은 한국예술인복지재단의 지원으로 제작되었습니다.